Zur Konf[illegible]on

von Dei[illegible] Patentante

Katharina

Pfingsten 2007

Dorothea Steigerwald

Ich wünsche dir Geborgenheit

Die Deutsche Bibliothek – CIP-Einheitsaufnahme

Ich wünsche dir Geborgenheit [Medienkombination] / Dorothea Steigerwald. –
Moers : Brendow
(Edition C : C ; 553)
ISBN 3-87067-781-3
CD. 1999
Buch 1999

ISBN 3-87067-781-3
Edition C, C 553

Einbandgestaltung: Kortüm + Georg, Agentur für Kommunikation, Münster
Satz: AbSatz, Klein Nordende
Druck und Bindung: Freiburger Graphische Betriebe
Printed in Germany

CD »Ich wünsche dir Geborgenheit«: Textlesungen von und Interviews mit Sr. Dorothea Steigerwald. © + ℗ by Brendow Verlag, D-47443 Moers
Aufgenommen in den ERF-Studios, Wetzlar; Tontechnik: Günther Pohlmann; Konzeption/ Produktion: Stephan Volke; Redaktion und Sprecher: Rolf-Dieter Wiedenmann.
Gesamtzeit: 27'30 Minuten.
Unter Verwendung der folgenden Musiktitel: Candle Light / In the Morning by David Plüss / Helmut Kandert von der CD »Marimbaleo« © david music switzerland (LC 01780) Song for God / Abschied by David Plüss von der CD »Stille Momente« © Anker Musik, Germany (LC 07994)

collection | **Brendow**

Dorothea Steigerwald

Ich wünsche dir Geborgenheit

Ich wünsche dir Geborgenheit

Nur wer sein Zuhause findet,
kann das Leben bestehen.
Wer weiß, woher er kommt und wohin er geht,
kann mit Mut, Freude und Zuversicht sein Leben leben.

Vielleicht muss ich den Weg ein Stück zurückgehen?
Zurück zur Hand meines Vaters, meiner Mutter.
Dort erlebe ich Geborgenheit, Halt, Annahme.
Dort erhalte ich Ermutigung, Korrektur, Kraft.

Wenn wir uns ihm zuwenden,
nach seiner Hand suchen, seinen Namen anrufen,
uns ihm anvertrauen, dann erleben wir Freiheit
und sind doch gehalten.
Geborgenheit, die keine Weltflucht ist,
sondern Horizonte öffnet und den Blick weitet.

Ich wünsche dir die Erfahrung einer
bergenden, stärkenden Gotteshand.
Ich wünsche dir Geborgenheit in ihm.

SCHWESTER DOROTHEA STEIGERWALD

Geborgenheit geben und empfangen

niemand

ist so arm
dass er nicht etwas
zu geben hätte
und
niemand
ist so reich
dass er nichts
zu empfangen brauchte

HÉLDER CÂMARA

Geborgenheit schafft Vertrauen

Hoch über dem Marktplatz einer kleinen Stadt hatte ein Seiltänzer sein Seil gespannt und machte dort oben unter den staunenden Blicken vieler Zuschauer seine gefährlichen Kunststücke. Gegen Ende der Vorstellung holte er seine Schubkarre hervor und fragte einen der Anwesenden: »Sagen Sie, trauen Sie mir zu, dass ich die Karre über das Seil schiebe?«

»Aber gewiss«, antwortete der Gefragte fröhlich, und auch mehrere andere der Umstehenden stimmten der Frage sofort zu.

»Würden Sie sich dann meiner Geschicklichkeit anvertrauen, sich in die Karre setzen und von mir über das Seil fahren lassen?«, fragte der Seiltänzer weiter. Da wurden die Mienen der Zuschauer ängstlich. Nein, dazu hatten sie keinen Mut! Nein, das trauten sie sich und ihm nicht zu. Plötzlich meldete sich ein Junge. »Ich setze mich in die Karre«, rief er, kletterte hinauf, und unter dem atemlosen Schweigen der Menge schob der Mann das Kind über das Seil. Als er am anderen Ende ankam, klatschten alle begeistert Beifall.

Einer aber fragte den Jungen: »Sag, hattest du denn keine Angst da oben?«

»O nein«, lachte der, »der mich über das Seil schob, ist ja mein – Vater!«

Geborgenheit – mit Händen zu greifen

HÄNDE sind wie ...

... ein Werkzeug als Hilfe zum Aufbau oder als Mittel zur Zerstörung
... eine Schale, in die man etwas geben und aus der man etwas nehmen kann
... ein langes Gespräch, denn sie sagen viel über einen Menschen aus
... ein Gesicht, sie können verbergen und täuschen oder aber offen und hilfsbereit sein
... der Friede, wenn sie danken
... ein Geschenk für andere
... ein Automat, sie geben und nehmen
... ein Freund, auf den man sich verlassen kann
... ein Lächeln, das mir sagt, dass ich angenommen bin
... ein Schraubstock, der mich einengt und erdrückt
... eine Blume, die sich öffnet und wieder schließt
... ein Mantel, der Schutz bietet, verbirgt und geteilt werden kann

Geborgenheit in der Verzweiflung

In der Trauer – Du

Denn Du
bleibst ja immer bei mir
Du schließt mich liebevoll
in Deine Hand
Wenn Tod Lebensgemeinschaft zerreißt
ein Herz traurig verwaist

Dennoch Du

Wenn Erinnerung untröstlich macht
neue Sehnsucht entfacht

Dennoch Du

Wenn Klage das Herz belegt
und Zuversicht nichts bewegt

Dennoch Du

Wenn unter Händen zerrinnt
was sonst immer gelingt

Dennoch Du

Denn Du verbindest
Dich enger mit mir
In die Weite führ

Du

Ergreif Deine Macht
über mich
In Deiner Treue
berge mich

Denn Mein bist Du

Mein Schöpfer
Mein Retter
Mein Tröster

Wenn ich nur Dich habe

VOLKER STEINHOFF

Geborgen und gehalten

Auf das Wort des Herrn kann man sich verlassen,
und was er tut, das tut er aus Liebe.
Wer keinen Halt mehr hat, den hält der Herr;
und wer schon am Boden liegt, den richtet er wieder auf.
Alle schauen erwartungsvoll zu dir,
und du gibst ihnen zur rechten Zeit zu essen.
Du öffnest deine Hand und sättigst deine Geschöpfe;
allen gibst du, was sie brauchen.
PSALM 145

Gottes Hand? Ist das nicht zu menschlich von ihm gesprochen? Und doch werden wir, solange wir Menschen sind, über dieses Gleichnis, dass Gott Hände hat, nicht hinauskommen.

Wir leben davon, dass er seine Hand für uns auftut. Sie ist ja nicht nur die Übermacht, mit der er seinen Entschluss ausführt, sondern Ausdruck seines Erbarmens. Es liegt über ihr ein Strahl von seinem Angesicht. Und wir entziffern in den Handlinien Gottes: »Siehe, des Herrn Hand ist nicht zu kurz, dass er nicht helfen könnte« (Jesaja 59).

Oft spüren wir Gottes Hand auch anders. Wir greifen ins Leere, fühlen uns allein gelassen. Es ist uns dann zumute, als habe sich Gottes Hand gegen uns zur Faust geballt: »Deine Hand liegt Tag und Nacht schwer auf mir« (Psalm 32). Es ist die Situation, in der wir bitten: »Tu die Hand nicht von mir ab, Gott, mein Heil!«

Und was ist die Antwort? Sie lautet: Christus. Er, Jesus, ist die ausgestreckte Hand des Vaters im Rätsel und Dunkel unseres Lebens! Diese Hand, die nicht erlahmt, wie unsere Hände erlahmen, die hineinragt in alle Situationen, die wie ein Angebot ist: Greif zu! Fass an! Halte fest!

JOHANNES KUHN

Warum meine ich denn immer,
ich müsste alles in den Griff bekommen?
Warum zermartere ich mir den Kopf,
wie es weitergehen soll?

Warum fürchte ich mich vor der Zukunft?
Warum macht mich kaputt,
was vor mir liegt wie ein riesiger Berg?

In deiner Hand liegt mein Geschick.
In deiner Hand, nicht in meiner.

Hände, die berühren

Wer weiß denn wirklich ganz genau,
warum kleine Kinder große Hände fassen
über Stege, Wiesen, Gassen?
Manchmal Angst, manchmal Geborgenheit,
doch damit Schluss nach der Reifezeit!

Wer weiß denn wirklich ganz genau,
warum beide Händchen haltend promenieren?
»Nah sollst du mir sein« und »ich will dich spüren!«,
teilt alles und doch so wenig mit,
weil es in der Liebe nichts zu klären gibt.

Wer weiß denn wirklich ganz genau,
warum alle sich zum Gruß die Hände reichen?
Gesellschaftsnormen oder Zeichen
sind es letztlich nicht,
weil wir die Gründe doch nicht kennen.

Wer weiß denn wirklich ganz genau,
warum wir gerne Menschenketten bilden?
Wenn wir im Kreise tanzen oder beten?
»Symbol der Gemeinschaft« ist nur die halbe Wahrheit.
Kannst du es sagen? Ich weiß es nicht!

JOSEF GRIESBECK

Geborgen bei meinem Freund

Es ist Nacht. Ich habe Angst. Ich habe geträumt: Da kommt ein großer Sturm! Ich kann den Wind hören. Ich sehe die weißen Wellen. Sie kommen auf mich zu. Sie sind so hoch wie ein Haus. Ich sitze in einem Boot. Die Wellen sind viel größer. Sie kommen in mein Boot. Der Wind schüttelt mein Boot. Ich kann mich nicht mehr festhalten. Die Wellen sind stärker. Ich habe große Angst.
Da bin ich aufgewacht. Es ist Nacht. Ich rufe nach meinem Vater. Er schläft. Ich komme aus meinem Bett. Ich gehe zu ihm hin. Ich wecke meinen Vater auf, erzähle ihm den Traum und dass ich Angst habe. Er legt seinen Arm um mich. Ich bin ganz nahe bei ihm. Er sagt: »Es ist gut, dass du gekommen bist. Jetzt können wir miteinander sprechen. Du kannst mir alles erzählen. Dann ist die Angst nicht mehr so schlimm.« Er sagt: »Jeder hat Angst. Nicht nur im Traum. Ich habe auch Angst.« Ich frage meinen Vater: »Was machst du, wenn du Angst hast?« Er sagt: »Ich spreche mit einem Freund. Der lacht nicht. Der hat mich gern. Der versteht mich.« Ich frage meinen Vater: »Ist die Angst dann weg?« Er sagt: »Nein. Die Angst ist nie ganz weg. Aber sie ist dann nicht mehr so schlimm. Wer einen Freund hat, der ist nicht allein. Der kann sagen: Hilf mir, ich habe Angst.« Ich frage meinen Vater: »Und wer keinen Freund hat?« Er sagt: »Der ist mit seiner Angst allein. Das ist schwer. Der kann mit niemand darüber sprechen. Jeder braucht einen Menschen, der ihn mag, der ihm hilft, der mit ihm spricht. Jetzt schlaf wieder ein. Du brauchst keine Angst mehr zu haben.«

Geborgenheit ist Gnade

Ich wünsche dir nicht
ein Leben ohne Entbehrung,
ein Leben ohne Schmerz,
ein Leben ohne Störung.
Was solltest du tun
mit einem solchen Leben?

Ich wünsche dir aber,
dass du bewahrt sein mögest
an Leib und Seele.
Dass dich einer trägt und schützt
und dich durch alles,
was dir geschieht,
deinem Ziel entgegenführt.

Dass du unberührt bleiben mögest von Trauer,
unberührt vom Schicksal anderer Menschen,
das wünsche ich dir nicht.
So unbedacht
soll man nicht wünschen.

Ich wünsche dir aber,
dass dich immer wieder
etwas berührt,

das ich dir nicht so recht
beschreiben kann.
Es heißt »Gnade«.
Gnade ist ein altes Wort,
aber wer sie erfährt,
für den ist sie wie Morgenlicht.

Man kann sie nicht wollen
und nicht erzwingen,
aber wenn sie dich berührt,
dann weißt du: Es ist gut.

JÖRG ZINK

gottes hände

sie halten
sie trösten
sie retten mit gewaltigem arm

menschenhände
viele reichen in mein leben
sie halten – sie werfen weg
sie tragen – sie lassen fallen
sie streicheln – sie verletzen
sie teilen – sie nehmen
sie schenken – sie fordern
sie verbinden – sie schlagen wunden

und . . .
meine hände?

Geborgenheit verschenken

Sind nicht die so genannten kleinen Geschenke
die schönsten?
Sie bringen die größte Freude,
sie lassen den Alltag
ein wenig heller und wärmer werden.
Geschenke müssen nicht immer
in buntem Papier verpackt sein.
Geschenke für den anderen
können tausenderlei Gestalt haben:

Da streicht die Krankenschwester
der alten Frau die Haare aus der Stirn
und fährt ihr liebevoll mit der Hand über den Kopf ...
Die Kindergärtnerin unterbricht das Spiel,
nimmt ein weinendes Mädchen auf den Arm ...
Eine alte Frau sagt ihrer jungen Nachbarin,
dass sie gern bei den Kindern bleibt,
wenn sie dringende Besorgungen zu erledigen hat ...
Der Schüler hat den ganzen Nachmittag damit verbracht,
seinem Freund die Mathematik zu erklären ...
Selbst der im Stress Gejagte wird für einen Augenblick ruhig,
wenn eine kleine Aufmerksamkeit seinen Weg kreuzt.
Auf einmal erscheint das Leben in einem anderen Licht.

Geborgenheit in Gott

Herr mein Gott, mein Vater im Himmel,
wie schön, dass du mich siehst!
Du kennst mich.
Du siehst mich, wenn ich Angst habe,
du siehst mich, wenn ich mich verstecke
und nicht zugebe, was ich getan habe.
Du siehst mich, wenn ich allein bin
und von großen Dingen träume
und von dem Leben, das vor mir liegt.
Wie gut, dass du mich siehst!
Ich kann ja keinen Schritt tun,
bei dem du mich nicht begleitest.
Ich kann kein Wort denken,
das du nicht hörst, ehe ich es ausspreche.

Wie in zwei großen Händen hältst du mich.
Ich bin darin geborgen wie ein Vogel im Nest,
und manchmal scheint mir, ich sei darin gefangen
wie ein Vogel im Käfig.
Herr, manchmal ist mir unheimlich
vor deiner großen Hand, in der ich gefangen bin,
und ich möchte ihr gerne entrinnen.
Ich denke über die große Welt nach,

über die künstlichen Monde, die die Menschen machen,
über die Raumschiffe, die in den Weltraum hinausjagen,
und denke mir,
dass wir Menschen dich eigentlich nicht nötig haben.
Aber während ich das denke, bist du um mich
und ich bin in deinen beiden großen Händen.

Ich denke manchmal auch,
es habe eigentlich gar keinen Sinn, dass es mich gibt.
Dann habe ich dieses Leben satt
und würde es gerne wegwerfen.
Denn ich habe es mir nicht selber ausgesucht. Aber ich weiß:
Wenn ich mein Leben wegwerfe und zu den Toten komme,
dann begegne ich dort doch wieder dir
und ich bin wieder in deinen Händen gefangen
und bin weder meinen Aufgaben noch dir entflohen.

Psalm 139 nach JÖRG ZINK

Sehnsucht nach Geborgenheit

Bobik war der kleine Sohn einer adeligen russischen Familie. Er hatte fürchterlich unter einer alten griesgrämigen Gouvernante zu leiden, die mit seiner Erziehung beauftragt war. Wie sollte diese arme Frau, die selbst nie Liebe in ihrem Leben erfahren hatte, ein Kind erziehen, das sie nicht liebte?

Eines Abends war Bobik wieder einmal nicht ins Bett zu kriegen. Da packte die Mademoiselle die blanke Wut, und sie griff zum Stock. Bobik war noch nie geschlagen worden. Mit vor Schreck aufgerissenen Augen hob er flehend, ja, beschwörend die Hände und kniete sich vor sie hin: »Schlag mich nicht, nur nicht schlagen! Das nicht! Ich will alles tun, was du willst. Alles, alles. Ich küsse sogar dein Kleid.« Und er führte den Saum ihres Kleides an seine Lippen.

Die französische Erzieherin verstand kein Wort von dem, was der Junge in seinem Russisch jammerte und redete. Aber erschüttert begriff sie: Das ist kein Dickkopf oder Ungehorsam, sondern nackte Angst. Sie selbst spürte auf einmal ihre eigene Hilflosigkeit, alle Demütigungen, die sie in ihrem eigenen Leben bisher ertragen musste. Und ein seit langem verschüttetes, zartes Gefühl regte sich in ihr.

Sie warf den Stock fort, hob den zitternden Jungen auf ihren Schoß und streichelte ihn zum ersten Mal über den Kopf. Dann brach sie in leises Weinen aus. Dann weinen sie beide. Und der Junge erwidert die Berührung ihrer Hand. Als sie den Jungen behutsam in sein Bett gelegt hat, bleibt sie noch bei ihm sitzen. Da sucht seine Hand die ihre, und friedlich schläft er ein.

Geborgen im Scheitern

Wunderbare Verwandlung.
Die starken, tätigen Hände sind dir gebunden.
Ohnmächtig, einsam siehst du das Ende deiner Tat.
Doch atmest du auf
und legst die Rechte still und getrost in stärkere Hände
und gibst dich zufrieden.
Nur einen Augenblick berührtest du selig die Freiheit,
dann übergabst du sie selbst Gott,
damit er sie herrlich vollende.

DIETRICH BONHOEFFER

Geborgen in der Einsamkeit

In der Einsamkeit – Du
Denn Du beugst Dich
herunter zu mir
Wenn ich keinen Menschen habe
und im Kummer Löcher grabe

Dennoch – Du

Denn Du ziehst mich
aus dem brodelnden Loch meiner Klage
Wenn meine Worte kein offenes Ohr gefunden
und ich umsonst gewacht in nächtlichen Stunden
Wenn nur noch eigene Worte zählen
weil andere Worte fehlen

Dennoch – Du

Denn Du lauschst auf meine Worte
und achtest auf mein Seufzen
Wenn niemand mir in die Augen sieht
Nähe und Zuwendung flieht

Dennoch – Du

Denn Deine Augen spähen nach mir
und locken mich liebevoll zu Dir
Wenn sehnsüchtig mein Schmerz
aus der Stille tritt
vergeblich um ein Gegenüber stritt
Wenn Einsamkeit zur zweiten Heimat wird
wenn Solidarität erfriert

Dennoch – Du

Denn Du wirst Dich mir nicht verschließen
Deine Liebe werd ich immer genießen
Du lässt mich in meiner Not
Deine Nähe spüren
Wenn ich auch oft total am Ende
Du schaffst immer wieder in mir die Wende
Du holst mich ins Leben zurück
Du weitest meinen Blick
Ich bin in Dir für heute geborgen
Du bist in mir auch morgen

Mein bist Du
Mein Schöpfer
Mein Retter
Mein Tröster
Wenn ich nur Dich habe

VOLKER STEINHOFF

Spuren der Geborgenheit

Eines Nachts hatte ich einen Traum. Ich ging am Meer entlang mit meinem Herrn. Vor dem dunklen Nachthimmel erstrahlten, Streiflichtern gleich, Bilder aus meinem Leben. Und jedes Mal sah ich zwei Fußspuren im Sand, meine eigene und die meines Herrn.

Als das letzte Bild an meinen Augen vorübergezogen war, blickte ich zurück. Ich erschrak, als ich entdeckte, dass an vielen Stellen meines Lebensweges nur eine Spur zu sehen war. Und das waren gerade die schwersten Zeiten meines Lebens.

Besorgt fragte ich den Herrn: »Herr, als ich anfing, dir nachzufolgen, da hast du mir versprochen, auf allen Wegen bei mir zu sein. Aber jetzt entdecke ich, dass in den schwersten Zeiten meines Lebens nur eine Spur im Sand zu sehen ist. Warum hast du mich allein gelassen, als ich dich am meisten brauchte?«

Da antwortete er: »Mein liebes Kind, ich liebe dich und werde dich nie allein lassen, erst recht nicht in Nöten und Schwierigkeiten. Dort, wo du nur eine Spur gesehen hast, da habe ich dich getragen.«

MARGARET FISHBACK POWERS

Zauberwort Freiheit
so oft strapaziert,
klagend und fragend im Munde geführt.
Über den Wolken und weit auf dem Meer
soll man

frei sein, frei sein,
soll man frei sein,
doch Freiheit ist mehr.

Tun, was mir Spaß macht – ich hab' es probiert.
Kaum eine Flucht hat zur Freiheit geführt:
Hörte rund um den Globus
meinen eigenen Schritt,
wollte

frei sein, frei sein,
wollte frei sein
und nahm mich doch mit.

Ohnmacht und Wut,
dass ich bin, wie ich bin,

endeten da, wo ich sah: es hat Sinn.
Denn wer keine Wände hat,
hat auch kein Haus.
Echtes

frei sein, frei sein,
echtes frei sein
schließt das nicht aus.

Einmal kam einer
von außen herein,
sagte: »Dein Haus ist verschuldet und klein.«
Zeigt durch Vergebung,
wo Freiräume sind.
Ich kann

frei sein, frei sein,
ich kann frei sein
wie ein geborgenes Kind.

ANDREAS MALESSA

Wunderbar geborgen

Von guten Mächten treu und still umgeben,
behütet und getröstet wunderbar,
so will ich diese Tage mit euch leben
und mit euch gehen in ein neues Jahr.

Noch will das alte unsre Herzen quälen,
noch drückt uns böser Tage schwere Last,
ach, Herr, gib unsern aufgescheuchten Seelen
das Heil, für das du uns bereitet hast.

Und reichst du uns den schweren Kelch, den bittern
des Leids, gefüllt bis an den höchsten Rand,
so nehmen wir ihn dankbar ohne Zittern
aus deiner guten und geliebten Hand.

Von guten Mächten wunderbar geborgen,
erwarten wir getrost, was kommen mag.
Gott ist mit uns am Abend und am Morgen
und ganz gewiss an jedem neuen Tag.

DIETRICH BONHOEFFER

Geborgen wie ein Kind

Wie es gewesen sein könnte

Einige Erwachsene brachten ihre Kinder zu Jesus, damit er sie segnen sollte. Die Jünger, kinderlieb wie sie waren, schoben die Kinder nach vorn, wo Jesus stand und eine wichtige Ansprache hielt. Als Jesus das merkte, wurde er zornig. »Haltet mir die Kinder vom Hals, denn wir planen das Reich Gottes, das ist nichts für Kinder. Habt ihr denn immer noch nicht begriffen: Das Reich Gottes ist eine reine Männersache. Wer das Reich Gottes nicht an sich reißt wie ein tüchtiger Mann, der was leistet, wird nicht hineinkommen.« Dann klopfte er dem Pharisäer neben sich voll Anerkennung auf die Schulter. »Das Reich Gottes ist Männersache und nichts für kleine Kinder!«

Wie es wirklich war

Einige Eltern brachten ihre Kinder zu Jesus, damit er sie segnen sollte. Die Jünger aber wollten sie wegschicken. Als Jesus das merkte, wurde er zornig: »Lasst doch die Kinder zu mir kommen! Haltet sie nicht zurück! Denn für Menschen wie sie ist das Reich Gottes bestimmt. Habt ihr denn immer noch nicht begriffen: Wer nicht wie ein kleines Kind voller Vertrauen zu Gott kommt, dem bleibt das Reich Gottes verschlossen.« Dann nahm er die Kinder in seine Arme, legte ihnen die Hände auf und segnete sie.

EVANGELIUM NACH MARKUS 10, 13-16

Textnachweis

Geborgen und gehalten aus: Johannes Kuhn, Von allen Seiten umgibst du mich,
© Quell Verlag, Stuttgart
Hände, die berühren aus: Josef Griesbeck, Glauben mit allen Sinnen,
© Kösel-Verlag, München
Geborgen bei meinem Freund von Markus Hartenstein aus: Steinwede/Ruprecht, Vorlesebuch Religion 2,
© Verlag Ernst Kaufmann, Lahr
Geborgenheit ist Gnade aus: Jörg Zink, Mehr als drei Wünsche
© Kreuz Verlag, Stuttgart
Geborgenheit verschenken aus: Hans Wallhof, Danke
© Lahn-Verlag, Limburg
Geborgenheit in Gott aus: Jörg Zink, Womit wir leben können
© Kreuz Verlag, Stuttgart
Geborgen im Scheitern und *Wunderbar geborgen* aus: Dietrich Bonhoeffer, Widerstand und Ergebung (KT 100)
© Chr. Kaiser/Gütersloher Verlagshaus, Gütersloh
Spuren der Geborgenheit aus: Margaret Fishback Powers, Spuren im Sand
© Brunnen Verlag, Gießen
Frei wie ein geborgenes Kind aus: Arno & Andreas, Nach dem Hören kommt das Handeln
© Andreas Malessa, Hochdorf

Alle übrigen Textrechte konnten nicht ermittelt werden oder liegen beim Brendow Verlag, Moers.

Bildnachweis

Plastiken von Dorothea Steigerwald:
Einbandmotiv, Seite 5, 9, 19, 25, 27, 33, 35, 37, 41, 43, 45
© Brendow Verlag, Moers
Peter Jacobs, Hamburg: Seite 31
Presse-Bild-Poss, Siegsdorf: Seite 11, 23
Peter Santor, Karlsruhe: Seite 7, 17
Paul Schäfer, Hamburg: Seite 39